Juda RONDOUBA

Les Assassins de Dieu

Juda RONDOUBA

Les Assassins de Dieu

L'hypocrisie dans la veste de la vraie vérité

Éditions Croix du Salut

Imprint
Any brand names and product names mentioned in this book are subject to trademark, brand or patent protection and are trademarks or registered trademarks of their respective holders. The use of brand names, product names, common names, trade names, product descriptions etc. even without a particular marking in this work is in no way to be construed to mean that such names may be regarded as unrestricted in respect of trademark and brand protection legislation and could thus be used by anyone.

Cover image: www.ingimage.com

Publisher:
Éditions Croix du Salut
is a trademark of
International Book Market Service Ltd., member of OmniScriptum Publishing Group
17 Meldrum Street, Beau Bassin 71504, Mauritius

Printed at: see last page
ISBN: 978-613-7-37055-1

RONDOUBA Juda

« N'éteignez pas l'Esprit » 1Thes5 :19

Les Assassins de Dieu

« C'est pourquoi mes bien-aimés, fuyez l'idolâtrie » 1Cor 10 : 14

Esaïe 59 :1-19 & Jérémie 7 : 4-14,

23

Avant-propos

Le constat réel sur les croyances actuelles est que le monde d'aujourd'hui, par ses différentes façons de concevoir l'Etre (Dieu), Force surnaturelle qui le gouverne, est plutôt en train de le trahir. Le monde fait face à de conflits religieux sans précédent. L'Eglise de Christ est en train de perdre ses vraies valeurs, ses lettres de noblesse, et les fidèles servent à la fois deux maitres (Mathieu 7 :14). Toutefois, ces derniers, sans apercevoir la poutre de leurs propres yeux, tournent le regard vers le monde pervers pour lui enlever la paille des siens (Luc 6 : 39-49). Les chrétiens ne sont-ils pas une Bible pour ceux qui ne l'ont pas touchée un jour ? Ne serait-il pas mieux de se dénoncer soi-même avant d'évangéliser les autres ? Il est à découvrir, à travers cette pièce de théâtre, les comportements réels de certains croyants (chrétiens et autres) qui ne sont jamais en rapport avec l'œuvre et la volonté de Dieu.

Un homme peut-il tuer Dieu ? Dieu est-il mort ? Est-ce donc de blasphème, ce titre *« Les Assassins de Dieu »* ? Les dix commandements ne se résument-ils pas en l'amour de Dieu et du prochain (Luc 10 :27) ? N'est-il pas pire que le meurtre, le fait de servir Dieu avec un double cœur, et tout en méprisant son prochain (Mathieu 5 :21-22) ? Dieu n'habite-t-il pas en l'homme, et que si l'on méprise ce corps, n'est-il pas en train de livrer bataille à son propre Dieu (1Corienthiens 3 :16-17) ? « *Celui donc qui rejette ces préceptes ne rejette pas un homme, mais Dieu, qui vous a aussi donné son Saint-Esprit* » (1Thessaloniciens 4 :8). Ce titre recouvre bien tout cela, et de plus, les pensées de Devenir et son grand-père le marabout qui prétendaient livrer la guerre contre Dieu, par ignorance. Tout lecteur devrait comprendre qu'il ne serait pas question, dans ce traité, de lire le combat physique que l'on livrerait vis-à-vis à son Dieu, ni la vraie mort de Dieu ; mais bien de nos comportements qui dénaturent l'image de Christ que nous nous sommes engagés de porter.

Chers lecteurs, en lisant cette pièce de théâtre, on peut peut-être se découvrir, ou découvrir ses prochains. Alors, la seule meilleure chose ne serait que, une fois, déjà, se débarrasser de son fardeau, de pouvoir, en suite, venir au secours des autres. C'est cela l' « AMOUR » qu'enseigne la Bible.

Ecrite d'une main légère, elle est compréhensible, dès le premier contact, au sens qui la saisie.

Bonne lecture !!!!!!!!!!!!!!!

INTRODUCTION

Peut-on imaginer, dans ce monde « *maison planète-terre* », un peuple qui n'a pas encore entendu parler de Dieu ? Peut-on parler d'un individu qui ne croit pas à une force supérieure quelconque, faisant l'objet de son espérance ? La religion peut se définir comme un système de représentation du monde et de croyances reliant les hommes entre eux au sein de leurs communautés et les reliant à leur environnement naturel, fondée sur la foi dans l'existence de forces inconnues - appelés aussi Dieu(x) – qui lui ont donnée naissance, qui dirigent sa vie et qui prennent en charge sa conscience après la mort. Partant, nous constatons qu'il existe plusieurs sortes de religions : le polythéisme, le panthéisme, le monothéisme, le traditionalisme, le bouddhisme, l'hindouisme, etc. Chaque religion a sa façon de concevoir Dieu. Le monothéisme, de son côté, prône l'existence d'un Dieu Créateur de l'Univers. Dans ce monothéisme qui parle d'un Seul Allah, nous avons le Judaïsme autour des lois de Moïse, l'Islam autour du Prophète Mohamed et le Christianisme autour de Jésus-Christ. Ce dont il est question pour nous dans ce premier pas de parcours, c'est de lire les comportements des chrétiens qui, bien que s'engageant à suivre Christ, le Maitre du Salut, tiennent des comportements ardents vis-à-vis de leurs prochains et de leur Dieu ; et de ceux qui, peut-être par ignorance, se disent non-croyants ou athées. Il sera question dans ce texte de retracer certains de nos comportements qui ne sont pas en rapport avec la Parole de Dieu, la croyance en des idoles, le mépris de nos prochains, l'écoute et la pratique des faux enseignements qui nous séparent de notre Dieu et nous empêchent d'entrer en contact avec lui comme nous le lisons dans Esaïe 59 :1-2 : *« Non, la main de l'Eternel n'est pas trop courte pour sauver, ni son oreille trop dure pour entendre. Mais ce sont vos crimes qui mettent une séparation entre vous et votre Dieu ; ce sont vos péchés qui vous cachent sa face et l'empêchent de vous écouter ».* Nous voulons, de plus, mentionner que certains comportements baroques de Devenir sont le fruit de non-encadrement ou d'une mauvaise éducation qu'il a reçue auprès de ses parents adoptifs du village, l'entrainant dans de mauvaises pratiques ; le « sauve-qui-peut », l'amenant à la violence ; la « guerre-pour-son-ventre » qui l'ont conduit enfin à la guerre contre Dieu. Cette mauvaise conduite qui influence certains de ses amis laisse également lire comment *« les mauvais compagnons corrompent les bonnes habitudes »*. Il y a le syncrétisme qui s'empare de l'Eglise aujourd'hui ; ce que nous lirons à travers les comportements des femmes commerçantes. Dans le milieu scolaire, nous pensons que tout dépendra de la magie. Quant au sexe, chacun veut se montrer l'adorable de tous. Certains des dirigeants apostoliques ne font que porter la tenue de la vérité tout en s'abreuvant de la source du mensonge. Cette pièce, légèrement produite, nous laissera dans la soif, quant aux certains de nos faits qui dénaturent l'image de notre Dieu. Mais quelques-uns que nous lirons brièvement, nous situeront combien de fois nous inhibons le Saint-Esprit, l'empêchant d'agir en nous ; en quoi nous serons considérés comme des meurtriers de nos prochains et de notre Dieu.

La mort du père de DEVENIR

Devenir avait 10 ans, quand son père, agonissant, prêt à rendre son dernier soupir, le consacra à Dieu.

PERE

Que Dieu soit avec toi, et te prenne comme un instrument efficace pour son service ! C'est lui le père des orphelins et le défenseur des veuves (Psaumes 68 : 6). Ne te fais point de souci pour moi, car je vais... (Et il expira).

DEVENIR

Oui, je t'écoute, papa ! Tu vas où ?

MAMAN DORCAS (sanglotant)

Mon fils, papa n'est plus de ce monde, il ne te parlera plus, car la mort l'a déjà emporté.

DEVENIR

La mort, où est-elle ? Elle l'emporte vers où ? Je vengerai papa !

MAMAN DORCAS (saisissant son garçon)

Non fils, c'est le plan de Dieu.

DEVENIR

Plan de qui ? pourquoi il fait ce plan ? Non non maman, il faut changer ce plan !

MAMAN DORCAS

Non fils, ce que Dieu attache, personne ne peut détacher ; ce qu'Il détache, personne ne peut rattacher. C'est fini pour papa, il ne te parlera guère.

DEVENIR

Guerre ? Dieu est plus fort que tous ? Non papa !

MAMAN DORCAS (essuyant les larmes de son fils)

Calme-toi fils ; ça va, calme-toi.

DEVENIR (tout triste)

Guerre ? Dieu est donc méchant ! Et pourtant papa me lui a confié ? Guerre ! Oui, papa parlera que de guerre !

*Le jeune garçon prit une corde et un couteau, puis courut jusqu'au temple, échappant à la poursuite de Maman Dorcas qui pensait qu'il allait se suicider.

DEVENIR (courant dans tous le sens dans le temple)

Dieu, où es-tu ? N'est-ce pas ici ta maison ? Dieu, je veux te voir vivant ici dans ta maison. Tu sais ce que tu m'as fait ? Ce que maman a dit est vrai ? On va voir, on va voir !

LE PASTEUR (qui entra aussitôt derrière lui)

Mon fils, qu'est-ce que tu as ?

DEVENIR

Je viens pour lier Dieu et le couper en mini-morceaux, car il a établi un plan à la mort d'emporter mon papa.

LE PASTEUR

Calme-toi, mon fils ; Dieu reste un Papa pour toi.

DEVENIR (en pleurant)

Papa ne parlera que s'il y a guerre contre Dieu et la mort. Ah Dieu, comment me faire ça !

*Aussitôt, arrivait Maman Dorcas, et le pasteur priait avec eux, ensuite les raccompagna à la maison.

LA VIE DE L'ORPHELIN DEVENIR AU VILLAGE.

Quelques jours après les obsèques de son père, Devenir fut amené au village par l'oncle Doum. Il y passera un dur moment, après quoi, il sera obligé de s'évader et regagner la ville.

Devenir, le petit marabout

Au lendemain de leur arrivée au village, il sera présenté à son grand-père le marabout.

ONCLE DOUM

La vie d'aujourd'hui n'est pas aussi facile pour un orphelin comme toi ; alors allons voir le marabout pour ta sécurité et ta paix.

DEVENIR

Merci oncle Doum !

LE MARABOUT (devant ses fétiches, en train de s'inquiéter à cause de son marché)

Depuis l'arrivée du pasteur Pierre en ville, personne ne venait me consulter. Quand je réussirai à le tuer, on ne parlera plus de son Dieu, et tout le monde viendra à moi.

*A ces mots, il leva la tête, et vit ses enfants venir

ONCLE DOUM

Bonjour, le puissant marabout de la région ! Voici celui qui doit t'aider dans ton travail.

LE MARABOUT (prenant Devenir dans ses bras)

Que nos ancêtres soient avec toi ! Même ce pasteur qui a tué ton père, lui-aussi mourra un jour.

DEVENIR (se tenant debout)

La mort, Dieu, pasteur, … Je vengerai papa !

LE MARABOUT (attachant un gri-gri autour du rein de son petit-fils)

Tu es un brave homme ; ceci te permettra d'accomplir ton destin. Je t'en soutiens, et nos ancêtres ne resteront pas indifférents.

ONCLE DOUM

Oui, oui, Devenir est un homme « homme » là même. Et vous allez vous aider tous les deux.

*Depuis ce temps, son travail n'est que d'aider le grand-père dans ses travaux de maraboutage.

Le repas

Un jour, revenant du champ, Oncle Doum recevait un plat qui lui a été présenté par sa femme.

ONCLE DOUM

Devenir et son grand-père ont-ils leur part ?

MADAME DOUM

Devenir, Devenir, enfant d'un homme mort. Un enfant qui mange comme un cheval, qui boit comme un chameau. Combien d'orphelins j'ai élevés et personne n'a pensé à moi, même pas une fois ? Je suis UNICEF ou PAM ?

ONCLE DOUM (fâché)

Héééi attends, quelle histoire veut-tu raconter là ?

MADAME DOUM (souriant et s'abaissant)

Euhum chéri, celui-là est mieux placé pour s'occuper de notre grand troupeau que de perdre cinq bœufs par an en prenant d'autres bouviers.

ONCLE DOUM (réfléchissant un moment)

Hum !

*Devenir arriva, soudain, en courant

ONCLE DOUM

Approche-toi mon cher, mon jeune marabout.

Il regarda sa femme, et continua :

Devenir sera le plus puissant marabout de ce pays.

*Devenir se précipita de se laver les mains, et coupa un gros morceau de boule. L'oncle le regarda avec sourire, et madame, avec dédain.

DEVENIR

Oncle, on vient de m'apprendre que je suis le premier de notre classe.

MADAME DOUM

C'est bien, tu es bien fort. Il faut que tu gardes le troupeau de ton oncle.

DEVENIR

Et mon école, alors ?

MADAME DOUM

Toujours ingrat ! Mais si c'est le manger, tu ouvres tes deux gros yeux plus que ta sale gueule. Doum, tu vois ?

ONCLE DOUM

La bouche qui mange ne parle pas. Le manger est roi ; devant lui, on se tait.

Le pâturage

*Le lendemain, derrière les bœufs, Devenir sera maltraité par ses compagnons

LES COMPAGNONS (bastonnant Devenir)

Malheureux orphelin, tu ne vas jamais nous contaminer avec ton malheur. Nous, nos pères sont là. Mais toi, même si on te tue, qui va parler ?

*S'échappant de leurs mains et arrivant même devant la maison, Devenir ne cessa toujours pas de pleurer. Mais de loin même déjà, madame Doum le guettait.

DEVENIR (couvert de larmes)

Ce n'est pas madame Doum, mais c'est plutôt Dieu qui m'a fait souffrir. Mais avec le grand-père, nous arriverons à tuer ce Dieu et son pasteur un jour.

MADAME DOUM (s'élevant la voix)

Walaye, au nom des ancêtres, ne mets plus ton pied ici ; tu n'auras rien à manger.

*Et le jeune garçon retourna auprès de son grand-père.

******

Peu de temps après, Oncle Doum rentra à la maison

MADAME DOUM (même pas un mot de bienvenue)

Hum, le petit sorcier, le petit marabout ! Il va tuer quelqu'un ici un jour vous allez voir.

DOUM

Qui ?

MADAME DOUM

Ils sont combien à être sorciers dans cette maison ? Tu sais même bien que c'est ton Devenir là non.

DOUM

Qu'a-t-il fait de grave ?

MADAME DOUM

Il a abandonné les bœufs en brousse, et il est rentré au village. Tu vois ça ?

ONCLE DOUM

Ohhh laisse ! Il est quand même très petit pour ce grand troupeau.

MADAME DOUM

Chéri, c'est leur histoire d'école qui l'a rendu femme. Pour ne pas le laisser rater sa vie, je l'emmènerai au champ demain dès 05h 02. D'ailleurs, l'école là ce n'est pas pour les pauvres ; pire encore un orphelin comme lui. Ça ne va être qu'un poids sur nous.

Le but raté

*Le lendemain matin, les amis de Devenir vinrent le voir.

PREMIER AMI

Devenir, nous sommes venus t'inviter à la fête d'aujourd'hui.

DEUXIEME AMI

Haaaaaa, là-bas, il y a de manger en gogo dey !

DEVENIR (tapant sur son ventre)

Hiééé, mon ventre, mon ventre, écoute : par l'amour des ancêtres, je vais te faire plein aujourd'hui, car hier...

PREMIER AMI

On dirait tu feras mieux le jeu ?

DEUXIEME AMI

Pénalty !

PREMIER AMI

Hors-jeu plutôt.

DEVENIR

En tout cas, tout ce que je sais, c'est que je marquerai un but.

PREMIER AMI

Mon frère, tu es fort.

DEVENIR (tapant sur son ventre)

Mon ventre, un but marqué surement !

*Arriva aussitôt madame Doum qui lui coupa la parole et commença à le menacer.

MADAME DOUM

Mon œil, un but raté malheureusement.

DEUXIEME AMI

Comment ça, but raté ?

DEVENIR

Mon Dieu, le manger !

MADAME DOUM

Même Dieu a dit que : « *l'homme mangera à la sueur de son front* » (Genèse 3 :19). Allons maintenant au champ.

PREMIER AMI

Mais madame, nous l'invitons à la fête là...

MADAME DOUM

Bandes de petits bandits paresseux, si personne ne travaille, il n'y aura point de fête.

*Se séparant à quelques mètres, le deuxième ami ramassait un briquaillon et le lança contre madame DOUM.

PREMIER AMI

Ne fais pas ça !

DEUXIEME AMI

N'est-ce pas comme ça qu'agissent les bandits ?

*Le jeune garçon la jeta avec le briquaillon, mais ça ne l'atteignit pas. La femme s'y retourna, et les enfants prirent fuite.

MADAME DOUM

Mal nés comme celui qui est ici devant moi. Vous y verrez !

La ruse comme moyen de survie

Arrivés au champ, Devenir - tellement affamé – ne pouvait plus travailler.

DEVENIR

J'ai la diarrhée, madame.

MADAME DOUM

Tu as deux minutes pour dégager toutes ces pourritures de ce grand sac une fois pour toute, et revenir travailler avec moi. Même les cheveux derrière la maison du coiffeur, vous mangez là. Hum !

*Madame Doum, tête baissée, Devenir versa l'eau, et fuît. Il arriva derrière Kes qui était en train de manger, et le supplia de partager avec lui le plat.

DEVENIR

Abba Kes, permets-moi un tout petit morceau pour me sauver la vie waye. Pardon !

KES

Quoi !? Héi Devenir, ce n'est pas avec moi que tu as travaillé pendant la saison de pluie la hein !

*Pensant qu'il n'aurait rien avec Kes, Devenir cherchait d'autres stratégies.

DEVENIR (se tenant debout)

Oh, j'arrive !

*Il quitta sans toutefois que quelqu'un l'appelait. Mais Kes ne comptait rien que sur son repas. Arriver auprès de Mourde, celui-ci le salua avec précipitation.

DEVENIR (en courant)

Abba Mourde, cet homme « *femme* » est en train de regarder une gazelle dormir, mais sans même un petit bâton en mains. Au secours, toi un vrai homme *« homme »* toujours avec armes en mains.

MOURDE

Ah bon, j'arrive !

*Au moment où Mourde courait chercher son arme, Devenir revenait en hâte auprès de Kes.

DEVENIR

Abba Kes, cache-toi sous cette calebasse, sinon Mourde a dit qu'il va te tuer parce que sa femme lui a dit hier que tu lui as fait la cour depuis.

KES

Quoi !? Depuis quand je l'ai...

*Levant la tête, Kes vit Mourde courir, arme en main, vers eux. Celui-ci se leva pour fuir.

DEVENIR

Derrière la calebasse ! Non, cachons-nous sous la calebasse !

MOURDE (prenant fuite)

Tu veux ma mort, toi aussi ; depuis quand on se cache derrière calebasse ?

*Devenir cacha vite le repas, et se tint à l'écart pour faire signe à Mourde.

MOURDE

Où ? Où est la gazelle endormie ?

DEVENIR

Les voilà ! Les voilà ! Il est entrain de la poursuivre. Vite Abba Mourde, vite !

*Et voilà les actions : Kes, fuyant la mort, Mourde poursuivant la gazelle poursuite par Kes, Devenir s'occupant du plat abandonné par Kes.

DEVENIR (en mangeant)

Hum, je vous ai bien eus là.

*Au moment où Devenir finissait son plat, et courut vers le village, nos deux hommes fatigués de la course non prévue arrivèrent derrière Madame Doum. Kes tomba au pied de la femme, et Mourde également s'arrêta.

MOURDE

Où est-elle ? Où est la gazelle ?

KES (tout épuisé)

Haye koui haye ! I tolem a mem tchi, i tolem a mem tchi! (Tue-moi une fois pour toute).

MADAME DOUM (couvrant Kes en criant)

Kouuuu ! Ne vous entretuez pas ! Ne vous entretuez pas ! Y a quoi entre vous ?

KES

Il a dit que c'est moi qui ai cherché sa femme, c'est pourquoi il veut me tuer.

MOURDE

Quoi ? Ce n'est pas toi qui a envoyé Devenir me chercher pour qu'on vienne tuer une gazelle endormie là ?

MADAME DOUM

Dévé qui ? Ce bandit est parti là-bas ?

KES

Je ne l'ai pas envoyé. C'est ça le message foudroyant qu'il m'a rapporté.

MOURDE

De l'eau, de l'eau pour boire, et également mettre sur lui.

*Madame Doum partait sous l'ombre, aucune gouttelette d'eau trouvée dans la tasse.

MADAME DOUM

Il nous a tués. Il m'a tuée, il vous a tués. Il a versé l'eau !

KES

Hiééé mon repas, mon repas !

Laissant les trois malheureuses personnes en brousse, Devenir rentra vite auprès du grand-père, et décida de regagner sa maman en ville.

DEVENIR

Grand-père, pour que notre marché marche bien, il faut que je reste d'abord en vie ;

mais la femme de mon oncle chante toujours ma mort. Comme elle vient de me chasser de la maison, je me retournerai auprès de maman, mais je reviendrai à chaque fois te voir quand même.

GRAND-PERE

C'est bien. Surtout arriver là-bas, il faut faire de nouveau ma publicité ; ça va nous rapporter beaucoup. Et de près ou de loin, restons toujours sur pieds de guerre contre le pasteur et son Dieu.

*Le marabout lui donna un sac portant de gri-gri et le laissa partir.

LE RETOUR EN VILLE DE DEVENIR

*Sans dire aurevoir à l'oncle Doum, Devenir fuyait hors chemin jusqu'en ville. Il grandissait auprès de sa mère qui le pressait d'aller à l'église. Mais celui-ci ne fait que grandir dans ses dégâts.

Les larmes de passions

Arriver en ville, chez Maman Dorcas

DEVENIR

Lalé maman, me voici de la mort à la vie.

*Maman Dorcas, voyant son fils tout sale, l'embrassant en versant de larmes.

MAMAN DORCAS

Oh mon Devenir, mon fils, tu vivras encore, car Christ est vivant !

*Après avoir le lavé, lui échangé de beaux habits et lui donné à manger, elle le fit reposer.

Elle brula ensuite son sac de gris-gris, et revint le réveiller.

MAMAN DORCAS

Chéri, quand l'homme meurt, son fils le remplace, l'hérite. Tu reprendras le chemin de l'école, et tu serviras aussi Dieu comme ton père l'a…

DEVENIR

Mon école, oui ; votre Dieu, non !

MAMAN DORCAS

Non mon fils !

DEVENIR

Non maman !

DEVENIR ADULTE

QUINZE ANS PLUS TARD…

Le blasphème

*Un jour, Devenir vint auprès de sa mère qui était en train de lire sa Bible.

DEVENIR

FC, FC : femmes de charité, femmes de calomnie : « *Berthe, si tu entends ce que Marthe racontait sur toi là…* »[1] ! Hum, maman, pourquoi donnes-tu toujours au pasteur pour ce Dieu que tu n'as jamais vu un jour ? Ne peux-tu pas croire et donner au grand-père et à moi pour notre puissance qui te protège ?

MAMAN DORCAS

Mon Devenir, nous et toutes ces choses que tu vois sommes créés par Dieu ; c'est à lui que nous appartenons tous. Que **SU**[2] ne te trompe pas !

---

[1] - Pour exprimer la façon dont les femmes de charité se trahissent

[2] Considéré comme un Créateur au milieu Ngambaye, mais considéré actuellement à l'égard du Christianisme comme le Trompeur. Personnage des contes Ngambaye, jouant toujours le rôle d'un faux imitateur.

DEVENIR

Hum ! Mais maman, vous les Ngambaye là, je ne comprends pas votre philosophie. Pourtant cette trace noire qui est sur ta peau, tu dis que c'est SU qui l'a laissée ; ta bouche, tu dis que c'est SU qui l'a ouverte. Et maintenant tu dis que c'est Dieu qui t'a créée et c'est SU qui te trompe ? SU est pour vous Dieu ou Satan ? Créateur ou Trompeur ? En tout cas, moi je sais que c'est toi et toi seule qui m'as mis au monde ; c'est tout, c'est ce que je connais.

MAMAN DORCAS

Fils, « *maintenant donc trois choses demeurent : la foi, l'espérance et l'amour... » (1Cor 13 : 13), « crois au Seigneur Jésus et tu seras sauvé...* » (Actes 16 : 31).

DEVENIR

Hum, Dorcas, si c'est l'amour là, je connais la couleur des caleçons de toutes les filles du quartier, même vos choristes. Quant à l'espérance, je...

* Il se tourna, et aperçu le pasteur qui les salua.

LE PASTEUR

Bonjour mes bien-aimés en Christ !

*Sans lui répondre, Devenir courrait dans sa chambre chercher un couteau.

DEVENIR (murmurant)

Depuis quinze ans, tu es là à tromper les femmes et les enfants avec ton Dieu. On ne fait qu'affecter tes adjoints, et toi tu glisses toujours sur la peau de la mort.

*Pendant ce temps, le pasteur prit la Bible de Dorcas en s'entretenant avec elle. Une fois revenir, Devenir voulait s'emparer du pasteur pour le poignarder, mais sa mère lui arracha le couteau. Il commença alors à injurier le pasteur...

DEVENIR

Vous pasteurs ! Des sorciers, des mendiants, des voleurs, des chercheurs de femmes ! Les échoués, les ratés de la vie ! Echec à l'agriculture, échec à l'élevage, aux études... ! Vous vous levez un matin, « *Oh Dieu m'a appelé ; oh j'ai eu un songe, une vision ; oh je vais servir Dieu...* ». Bandes de menteurs !

*Le pasteur ne restait que calme, mais il lui arracha la Bible de Dorcas.

DEVENIR

Ce livre, tu le montres aux gens, mais tu leur expliques tout ce que tu penses pour tes propres intérêts. Moi, j'en ai tout lu. Je suis aussi voyant comme Samuel ; j'aurai beaucoup de femmes comme Salomon ; je vais lutter avec Dieu comme Jacob, mais moi je le fondrai en poussière. Il a aidé David à tuer Goliath ; il t'a aidé à tuer mon père. Et toi, tu demandes aux gens de ne plus se venger, de ne plus consulter les voyants. On verra !

*Il jeta le pasteur avec la Bible, et retourna vers sa chambre. Mais le pasteur et la maman restèrent toujours en prière pour lui.

L'idole de sexe

*Une fois quitter le pasteur et sa mère, il aperçut quatre filles devant sa porte.

DEVENIR

Ce matin encore là, mes pimbêches ; vous allez sucer tout mon jus tara.

*Elles s'approchèrent de lui en lui donnant des baisers.

LES FILLES

-Oh Devenir, mon bébé...

-Euhn Dévé, c'est toi seul que j'aime...

-Ah mon Dev, mon trésor...

- Je t'adore, mon ange, mon Dé...

DEVENIR

Vous faites c'est comme si vous n'avez et n'aurez jamais aimé quelqu'un d'autre que moi. *« Tu es le seul que j'aime dans ma vie... »*[3] ; or ces mêmes propos, vous les avez tenus à tous vos petits mecs. Mais moi de mon côté, je ne vous aime pas, je vous hais.

---

[3] Propos tenu toujours par les filles à leurs amants.

LES FILLES

-Non, ne me dis pas ça, tu ne dois pas me faire ça, je t'aime plus que Dieu même !

-Non, je te jure devant Dieu que c'est toi seul que j'aime !

-Laisse-moi pénétrer ton paradis pour y vivre !

-Non, si tu me chasses de ton palais d'amour, je vais me suicider !

DEVENIR (un peu souriant)

Ok, je vous hais, je m'en tiens. Or la haine est la vraie preuve d'amour. Alors en vous haïssant, je vous aime bien plus. Maintenant, caleçon noire dedans ; vous autres, attendez le soir.

REINE (entrant dans la chambre de Devenir)

Merci mon chocolat ! Je suis sauvée.

LES AUTRES FILLES

-Toujours là, c'est Reine seulement...

-Si c'est la couleur noire que tu veux, je vais chercher de caleçon noir, moi aussi, ce soir.

DEVENIR

Partez ! Ce qui est dit est dit. Ce n'est pas avec *gou*[4] quand même non ?

*Il entra derrière Reine, et les autres regagnèrent leurs camarades à l'école.

Motivation des jeunes dans les églises

*Devant une tasse de bouillie à l'école, Lucie (la fille du pasteur) s'entretenait avec les autres.

LUCIE

Mes amis, pourquoi refusez-vous maintenant de venir à l'église de mon père ?

---

[4] Goudra en arabe qui veut dire force, ngambayisé « *gou* » dans certaines localités.

LARE

Ton père condamne avec trop de rigueur la préparation et la consommation de l'alcool ; or maman et moi, ne vivons que de cela. Alors, nous préférons plutôt venir à l'église catholique ; là-bas, on fait tout ce qu'on veut comme on veut.

CARINE

Je suis maintenant de l'ACT ; là-bas, on chante et on danse bien comme on veut. C'est de là même que tout le monde a copié maintenant . Mais dans votre église, quand on veut danser, étirer un peu seulement les reins, ça devient un grand problème.

YANYAM

Hum, quand il prêche, il dénonce toujours nos comportements, et il n'y a jamais de vie privée avec lui. Surtout qu'il a dit qu'on doit s'aimer les uns les autres, mais il ne m'a même pas aimée comme son adjoint partant que j'ai fait de lui trois avortements successifs là. D'ailleurs, papa a voulu même déjà créer aussi une belle église pour nous.

LUCIE (se tournant vers les garçons)

Et vous mes frères ?

CHEF DE CLASSE

Si c'est offrandes et dimes, il crie à haute voix à tout le monde ; mais si c'est d'autres choses, il ne cherche que les riches et les sages. C'est Béni qui portait souvent son sac et il le programmait toujours au culte. Il est seulement le pasteur de Béni ; donc moi, j'attends voir si un autre pasteur peut venir et être le mien.

TOUNADE

Hééé pote, n'abandonne pas l'église ; ce n'est pas pour le pasteur ; c'est même là où chacun tire son profit. C'est grâce à notre croisade du trimestre passé là que j'ai engrossé deux filles qui deviendront bientôt mes femmes. Dimes là, moi je donne seulement 150f chaque fin du mois. Chanter, prier, lire, ..., Je m'en fiche !

SANGUE

L'église là c'est pour les enfants, les femmes et les vieux. Laissez-moi vivre ma jeunesse ! Je vais me convertir au jour de ma mort, quand je serai âgé de 90 ans. C'est d'ailleurs juste pour qu'on pleure mon cadavre. Car de nos jours, même la mort d'un chien est plus considérée que la mort d'un païen.

CHEF DE CLASSE (un peu amusant)

Donc juste pour qu'on chante beaucoup beaucoup le jour de ta mort ?

YANYAM

Oui, c'est vrai. Même si tu n'as jamais mis pied une fois à l'église là, il faut quand même appeler les anciens prier avec toi la veille de ta mort. Comme ça, ta mort sera bonne.

*La cloche sonna, et les élèves regagnèrent les salles de classes. Arrivèrent aussitôt Devenir et Reine qui faisaient également leur entrée.

Le mauvais souvenir d'amour

*Sans toutefois s'asseoir, Devenir écrivit au tableau tout en lisant.

DEVENIR

"Le jour qu'on va se croiser avec Dieu, l'on dira : « *Attrapez Dieu, laissez Devenir ! Attrapez Devenir, laissez Dieu !*»[5]".

*Se retournant pour aller s'asseoir, il voulait sortir un mouchoir de sa poche pour s'essuyer le front. Mais tous les élèves s'éclatèrent de rire en le voyant avec un caleçon noir en main.

LES ELEVES

-Héééi Devenir !!

-Ça c'est encore quelle scène ?

-Dev de Dev, l'homme fort, etc.

---

[5] Propos qu'on tient pour séparer les gens qui se combattent. Devenir exprime par-là la bagarre qu'il livrera contre Dieu quand ils se croiseront.

DEVENIR (s'adressant à Reine)

Eh gamise[6], ce n'est pas ton cache-sexe là ? Mais ça veut dire que tu as pris l'un des miens ? Donne-moi mon caleçon, prend le tien. Oh mon caleçon porté par une fille que j'ai pris le sien, pensant que c'est mon mouchoir. Ah mon caleçon, mon caleçon blanc héééé !

*Il saisît la fille pour la déshabiller, mais ses amis le bloquèrent, l'empêchèrent de le faire.

DEVENIR

Ouèèèh l'amour nous rend aveugles. Mon caleçon !

REINE (sanglotant)

Mon Devenir, pourquoi fais-tu cela à moi que tu aimes le premier ? Pressée pour la classe, je n'ai pas pris mon temps de bien vérifier et...

DEVENIR

Eh quoi ? Mon objet, tourne-moi ton dos là !

*La fille lui tourna le dos en pleurant, avec son caleçon en main.

REINE

Quoi encore, ne me fais pas de mal !

DEVENIR (montrant les fesses de la fille)

Ça ! Tu sais ? C'est ton derrière-là qui me plait un peu. Sinon je n'ai pas un cœur pour aimer quelque chose dans ma vie.

Mauvaise interprétation

*Tout à coup, le professeur s'approcha, et les élèves regagnèrent leurs places, sauf Devenir.

PROFESSEUR

---

[6] Gamla en Ngambaye, désignant une femme divorcée, veuve, (ou soit déjà divergée hors du mariage), francisé « *gamise* » communalement par la majorité des jeunes élèves Ngambaye.

Devenir, tu ne t'assoies pas ? Eh toi, pourquoi viens-tu à l'école toujours sans tenue ?

CHEF DE CLASSE

Monsieur, laissez-le ; voyons plutôt ce qui nous est important. Qu'est-ce que les philosophes disent exactement de Dieu ?

PROFESSEUR

Ce n'est pas facile à vite comprendre les assertions des philosophes. Il faut beaucoup réfléchir pour saisir la quintessence et la portée de leur propos. Pour Sartre, *« Dieu n'existe pas »*, pour Voltaire, « *si Dieu n'existait pas, il faudrait l'inventer* », pour…

DEVENIR

Non, s'il n'existait pas, il faudrait le laisser walaaaah…. On n'aurait aucun problème même. Sans lui, il n'y a pas d'autres dieux quoi ?

PROFESSEUR

Pour Bakounine, « *Si Dieu existe, il faudrait le supprimer* », pour…

DEVENIR

Voilà, nous allons le tuer comme les Juifs ont tué son fils, si nous le trouvons.

PROFESSEUR

Pour, pour, pour qui comme ça, « *Si Dieu n'existe pas, tout est permis* », pour…

CHEF DE CLASSE (en murmurant)

KIKOMSA là c'est quel auteur encore !

PROFESSEUR

Pour Nietzsche, « *Dieu est mort* », quant à…

DEVENIR

Stop monsieur ! Tu as l'air de m'intéresser avec ton enseignement d'aujourd'hui. Si Dieu n'existe pas tout est permis, merci ! Dieu est mort, merci ! Mais comment est-il mort ? Pourtant moi je l'ai longtemps cherché. Mais qui l'a trouvé où, et pour le tuer comment ?

PROFESSEUR

Ne pensez pas cela directement comme la mort qui enlève votre vie ; en philosophie, débarrassez-vous d'abord des images. Je vais encore prendre tout mon temps pour vous expliquer ces citations.

DEVENIR

Hayaya, il veut encore faire d'histoire et d'illusions ! Aller, tout le monde au bar "TUJI BAS" (détruit seulement) pour la célébration de la mort de Dieu.

Autour du vin

*Tous les élèves abandonnèrent la salle à l'enseignant, et se retrouvèrent au point de rendez-vous.

Au bar, Devenir se tint debout, deux bouteilles de GUINESS en main, au milieu de ses camarades qui, chacun, assis devant sa table.

CHEF DE CLASSE

Au mariage de Canaan, Jésus a donné de bon vin. Mais au Bar Tuji Bas, Devenir donnera plus de Guiness bien tapée.

SANGUE

Paul a demandé à Timothée de boire un peu ; Devenir nous demande de boire beaucoup !

LES ELEVES

On va boire comme au temps de Noé.

DEVENIR

''*A bon vin point d'enseigné*'' ! Esclaves de Dieu, vous êtes libérés de sa main, vous êtes maintenant sous mon commandement. On va faire un exercice, et les connaisseurs connaissent ! ''*Dieu est mort*''!

LES AUTRES

''S'il n'existe pas, tout est permis"!

*Reprenant ensemble pour la seconde fois, Devenir vida ses bouteilles, et prit de nouveau la parole.

DEVENIR

''La boisson est la clé de la porte de la vérité". Quand on boit, tout le secret est dehors. Quand on commet même un grand crime, on peut le mettre au dos de l'alcool pour être pardonné.

Puis ils chantèrent

"Mbai pana : ddi bba ogem loo kao ro népele'g le postanje ;

Kam maa m'ao bba kunn tudu kwa mengenge ;

Ka togo ji sub-sub kishi kula do nang jugum dda amen;

To nékusa ge kenji!

Pause

Mann bonon kaa ma kai el ddem ;

Ka rundu binan, ndogo nduji ngali ;

Ta tuyo, nékoundamann ;

To nékusa ge lelem yan"!

(Et) DEVENIR (reprit la parole)

Quand le chat n'est pas là, les souris dansent ; quand le pasteur n'est pas là, les fidèles pèchent ; quand Dieu n'est pas là, les hommes font aussi tout ce qui leur semble bon.

LES AURTRES

Ohé ! Ohé ! Vive les hommes !

DEVENIR

Voilà, tout est permis ! Faites tout ce qui vous semble bon ! J'irai au village ce soir vous apporter un dieu visible qui vous fera même tout.

*Une fois se disperser, Djéro le militaire s'approcha de Devenir.

DJERO

Hé Djo, attend !

DEVENIR (chantant)

''An Mbai kido lé godo ; Jeji tel mann kido kara ar deoujé''!

DJERO

Eh dis-moi, frère, comment se fait-il que toutes les filles t'aiment, mais pas moi ?

DEVENIR

Je les déteste et les méprise trop : je ne les cajole pas. Parce que je suis sadique, elles sont masochistes. Or toi, tu cours toujours derrière elles en chantant leur éloge : *« oh sans toi, je ne peux plus vivre »*[7]. Elles sont l'eau ? L'air ? Le feu ? La lumière ?

DJERO

Non, mais ce que tu cherches là...

DEVENIR

Tu l'ignores ? Je suis le plus méchant, le plus têtu, le plus laid.

DJERO

C'est ça le bon conseil ?

DEVENIR

Ecoute, un proverbe dit : « *tout ce qui est trop est mauvais* », mais moi je dis que tout ce qui est trop est bon. Les filles peuvent t'aimer si tu as trop d'argent ; si tu es trop beau, trop malin ; si tu danses trop, tu chantes trop, tu mens trop, tu bois trop, tu cours trop, tu ris trop, ...

DJERO

Kaye Dév !

DEVENIR

---

[7] Exprimant la façon dont Djéro s'est plaint devant les filles.

Si tu es trop sage ou même trop fou… Tout est bien à l'homme s'il le fait au trop. Aurevoir et à demain pour la suite !

L'alcool et la Bible

*Chez le pasteur

PASTEUR

Béni, j'apprécie beaucoup ta marche avec ton Dieu. C'est grâce à toi que tes amis reviendront à Christ.

BENI

Surtout Djéro ; il a gâché sa vie avec l'alcool. Et il se défend même à travers les versets bibliques.

PASTEUR

Comment ça ?

BENI

Papa, dans quelle passage biblique, l'alcool est-il mal décrit ?

PASTEUR

Noé, étant saoul, a laissé sa nudité découverte et recouverte par ses enfants. Jacob, étant saoul, a été trompée avec Léa à la place de Rachel pour qui, il a travaillé pendant sept ans. Lot coucha avec ses deux filles, étant saoul. Proverbes 23 : 29-35 décrit les malfaisants de l'alcool.

BENI

Mais Paul en a permis à Timothée ?

PASTEUR

A cause de sa maladie, il lui a dit de prendre un peu du vin.

LUCIE

Mais c'est permis quand même à un chrétien de servir aux autres à boire ?

PARSTEUR

Habakuk 2 :15-16 dit : « *Malheur à celui qui fait boire son prochain, à toi qui verses ton outre et l'énivres, afin de voir sa nudité ! Tu seras rassasié de honte plus que de gloire ; bois aussi toi-même, et découvre-toi ! La coupe de la gloire de l'Eternel se tournera vers toi, et l'ignominie souillera ta gloire* ».

LUCIE

Mais pourquoi Jésus en a fait au mariage de Canaan ?

PASTEUR

Son premier miracle ; quand le besoin s'est fait sentir, quand tout le monde attendait de lui, et que sa mère le lui en a demandé.

BENI

Merci père !

Le combat pour son Dieu

*Arrivé à la maison auprès de sa maman, Devenir accéléra fort la moto en la provoquant.

DEVENIR (chantant)

''Abastanje, dennenojije, abastan ge ra lé bba lal kai kori wa''?

*Il jeta sa mère avec son sac d'écolier.

MAMAN DORCAS

Mon enfant, qu'est-ce qui ne va pas ?

DEVENIR

Dorcas, je ne suis pas enfant. Au fait, il n'y a rien qui ne va pas ; de mieux, tout va maintenant bien marcher !

MAMAN DORCAS

Ah bon !?

DEVENIR

Ah oui ! Dorcas, merci de m'avoir poussé à l'école. « *Dieu est mort* », nous a dit le professeur de philosophie. J'irai alors au village, chercher le marabout pour l'installer à l'église ; il pourra aider toute la population.

MAMAN DORCAS

Quoi !? C'est ça ce qu'on vous apprend à l'école ? Les philosophes sont fous alors !

DEVENIR

Anhan, Dieu ton unique fils est mort. Va trouver Nélar, et pleurer comme les Marie Magdala ont pleuré derrière Jésus comme ça non. Hum !

*Le jeune homme quitta pour le village, et la mère se ceignît le rein en courant chez le professeur. Une fois y arriver...

MAMAN DORCAS (respirant de toute force)

Insensé ! Qu'est-ce qui veut dire la mort de Dieu que tu as enseigné à nos enfants ? Vous les philosophes là, c'est vous-même qui avez tué Dieu ?

PROFESSEUR

Maman, cela a un sens bien caché. Dieu est vivant, sa patience, son silence à l'égard de nos iniquités qui a fait que certains pensent qu'ils n'existent pas ou qu'il est mort.

MAMAN DORCAS

Hanhan, le fait qu'ils pêchent même il ne les punit pas là ?

PROFESSEUR

Exactement maman !

MAMAN DORCAS (souriant)

Ah excuse-moi, mon fils. Que Dieu te bénisse !

LE PROFESSEUR (après le retour de Dorcas)

Ah interprétation ! Comment quelqu'un parle, et l'autre va interpréter avec exactitude ? Ah !

LE MARABOUT EN VILLE

*****Le lendemain matin, Devenir et son grand-père descendirent en ville. Ils exercèrent leurs pouvoir pour influencer un beau nombre de chrétiens. Mais peu de temps après, ils connurent l'échec, et le grand-père retourna au village.

La tentation

Même pas un verre d'eau après l'arrivée en ville, Devenir courût chercher ses amis, et les trouva en train de causer au cours de la route.

BENI

Nonkil, qu'est-ce que tu penses au sujet de l'intégration ?

DEVENIR (s'approchant d'eux)

Eh les gars, j'ai une très bonne nouvelle pour vous.

LES AMIS (impatients)

Une bonne nouvelle ? Laquelle alors ?

DEVENIR

Hum, soyez rassurés que tous vos problèmes seront résolus.

NONKIL

Mais, tu veux nous parler de quoi exactement ?

DEVENIR

J'ai déjà apporté un nouveau Dieu en ville pour vous !

DJERO

Déjà ?

DEVENIR

Je ne dors jamais pour votre bonheur.

*Puis il tendit un morceau de cigarette allumée à Nonkil.

NONKIL

Non, quand le pasteur saura que j...

DEVENIR (grondant son ami)

Toujours esclaves du pasteur, tiens là !

Aussitôt que Nonkil prît la cigarette, le pasteur fit aussi son apparition.

LE PASTEUR

Bonjour mes chers enfants ! De quoi vous discutez-vous ?

*Nonkil cacha la cigarette dans sa poche ; et tous, ils se regardèrent sur les yeux. Peu de temps après, il commença à verser de larmes tout en se grattant la cuisse qui commençait à être brulée.

LE PASTEUR

Qu'est-ce que tu as, mon fils ?

NONKIL

Une mouche m'a piqué depuis hier, et c'est comme si quelque chose allait sortir au niveau de la plaie comme ça.

BENI

Père, on s'inquiétait vraiment pour l'intégration, Nonkil et moi.

PASTEUR

La Bible dit : « *Fais de l'Eternel tes délices, et il te donnera ce que ton cœur désire* » (Psaumes 37 :4). Prions !

*Pendant la prière, Devenir, yeux ouverts, fit signe à Nonkil de sortir la cigarette et l'éteindre sous son pied.

*Après la prière et le départ du pasteur…

DEVENIR

Yalla[8], les mecs !

BENI

La grâce du Seigneur nous suffit.

[8] En arabe qui signifie « aller ! »

DEVENIR

Le faible ! Tu parles comme si tu es revenu même du ciel et que Dieu t'a chargé de venir mentir aux hommes comme ça. Le gars Juif qui s'est dit venu du ciel ou fils de Dieu là, il a été tué même par ses propres parents, n'est-ce pas ? Continuez par vous amuser avec votre avenir, et vous allez voir.

DJERO

Moi, je ne discute rien. Je sais ce que je vais faire.

NONKIL

Jésus même a dit que : *« Demandez, et l'on vous donnera ; cherchez, et vous trouverez ; frappez, et l'on vous ouvrira* » (Mathieu 7 :7). Moi, j'irai d'abord voir le marabout ; je vais me repentir après l'intégration.

Le maraboutage

*A ces mots, Béni les quitta, et eux, ils se rendirent chez le marabout. Une fois faire leur entrée...

LE MARABOUT

Je suis le plus puissant par la force de mes ancêtres ! Déchassez-vous, et ne me regardez plus en face. Quels sont alors vos problèmes ou vos besoins ?

NONKIL

Je veux être intégré à la fonction publique avant Béni. Comme ça, il va chercher à revenir aussi vers toi.

DJERO

Je veux que toutes les femmes m'aiment, même la femme de notre pasteur.

LE MARABOUT

Arrêtez ! Est-ce que c'est ça ce que je vous demande ? Je sais tout. C'est moi le voyant ou c'est vous maintenant ? Déposez le droit des ancêtres !

NONKIL

Combien d'argent te devons-nous ?

LE MARABOUT (tendant un gris-gris à chacun d'eux)

Dans trois jours, vous aurez la solution à vos problèmes. Pour le droit des ancêtres, déposez 33 333 f chacun.

Beaucoup de chrétiens et de non chrétiens venaient consulter le marabout.

La femme complice d'avortements

* Un jour, Nélar s'entretenait avec sa fille Reine et Chérib, le jeune commerçant.

NELAR

Chérib, comme tu nous as donné toujours de sucre et de savon, nous nous sommes entendues avec ma fille pour qu'elle soit ta femme.

CHERIB

Mais comprenez d'abord que si elle doit accepter d'être ma quatrième femme comme l'exige notre religion, elle doit d'abord s'islamiser comme les autres.

REINE

Religion c'est religion ; c'est le seul Dieu qu'on cherche non. D'ailleurs on attend le dernier jour pour savoir s'il existe réellement ou non.

NELAR

Vous n'êtes plus des enfants, arrangez-vous pour que mon nom n'y figure pas. Comme on nous a donné aussi une demande à l'église pour demander ta main en mariage, je vais tenir ferme que je n'étais au courant de rien.

Elle baissa la voix, et parla en patois à sa fille pour que Chérib ne comprenait pas.

Kem ge Devenir lei sunn ge ishi né kenn lé a kor to ge yen ge kétté bee ya bbei a onn. Deou a bbarem mbe el. (Cette grossesse de ton soi-disant Devenir que tu portes là, tu vas encore avorter comme celle d'avant. Personne ne m'appellera insensée).

L'exercice du pouvoir donné par le marabout

- **Réussite**

Un jour, en route vers le marché, Djéro se croisait avec Reine. Il toucha son gri-gri avant de la saluer.

DJERO

Ah bonjour, l'étoile brillante de la ville !

REINE

Bonjour mon colonel !

*A deux pas de séparation, la fille se retourna vers Djéro.

REINE

Hé Djéro, tu fais semblant ou quoi ? Je vais chez toi pour t'expliquer le rêve que j'ai eu de toi hier nuit.

DJERO

Ah ok, je m'en rappelle bien mais je pensais que, je pensais que...

*Les voilà déjà chez Djéro. Ils versèrent le vin dans une tasse, et burent.

DJERO

Reine, tu es même la reine de beauté, la reine de mon cœur.

REINE

Les hommes d'aujourd'hui séduisent toujours les femmes par de flatteries et non la vérité.

DJERO

Tout ce que je vois dans la nature porte ton image, tout bruit que j'entends est mêlé de ta voix.

REINE

Mais c'est moi qui t'aime le premier.

DJERO (souriant)

Tu peux me montrer ce que tu as dit par des actes ? La Bible même a dit que ne vous privez point l'un de l'autre.

*Après les rapports sexuels, ils continuèrent la suite de leur boisson.

REINE

Tu sais maintenant que je t'adore plus que Dieu, c'est pourquoi tu viens de me dépuceler ; car depuis ma naissance, aucun autre homme n'a encore touché même mon bras que SU a fait.

DJERO (rigolant)

Hein ! Donc tu es une pucelle, et c'est moi qui viens de te diverger ?

REINE

Mon ange !

*Immédiatement, le pasteur frappa à la porte. Mais les jeunes gens s'apprêtèrent à tout arranger, et cacher la fille. Djéro faisait semblant comme s'il venait de se réveiller, et fit entrer le pasteur.

LE PASTEUR

Mon fils, comment tu vas ?

DJERO

Ça va. Hier j'ai passé toute ma nuit en train de lire ma Bible, c'est pourquoi je dormais jusqu'à maintenant.

*Le pasteur prit la tasse remplie de vin, pensant que c'est de l'eau à boire, et Djéro le lui arracha et versa dehors.

LE PASTEUR (prenant la tasse)

C'est bon. Si cette eau est à boire...

DJERO (arrachant la tasse)

Non, c'est de l'eau très sale ! D'ailleurs, ça sent même très mal.

LE PASTEUR

Que Dieu soit avec toi. Je suis de passage, et je viens juste te saluer.

*Après le départ du pasteur, Reine sortît de sa cachette.

DJERO

Je suis désolé mon étincelle, il m'a fait verser notre vin. Il est sorcier, ce type là !

REINE

Pour ne pas que les histoires se multiplient, accompagne-moi seulement.

- **Echec**

*Une fois se séparer avec Reine, Djéro, de son retour, apercevait Lucie, la fille du pasteur. Mais avant de la saluer, il fit la même chose, touchant son gri-gri.

DJERO (en murmurant)

Il m'a eu ; je vais l'avoir aussi en utilisant cela sur sa propre fille.

LUCIE (serrant la main de Djéro)

Oh mon frère, Dieu nous garde toujours ?

DJERO

C'est pourquoi je n'ai jamais péché contre sa volonté.

LUCIE (continuant son chemin)

Oké c'est bon. Moi je pars comme ça au marché. Donc à bientôt !

*Une fois se séparer, Djéro tout confiant à son pouvoir, s'attendait à sa seconde chance, mais la fille était déjà à distance. Il courut derrière elle, et l'arrêta.

DJERO

Hé Lucie, tu fais semblant ou quoi ! Tu veux me cacher les rêves d'hier nuit ?

LUCIE

Mais non, je n'ai jamais rêvé de toi un jour, mon frère. Pas une fois.

DJERO

Non, ok. Mais c'est moi plutôt qui ai fait un rêve sur toi. S'il te plait Lucie, j'ai un cadeau pour toi à la maison ; allons chercher, et je t'expliquerai aussi le rêve.

LUCIE

Non mon frère, je suis pressée pour le marché. Apporte le cadeau chez moi pour qu'on puisse le présenter aux parents et aux amis.

*Puis la fille quitta.

DJERO (secouant la tête)

Kiète[9] ! Ils ont prié souvent sur vous, c'est ça !

Résultats de la puissance de la prière et de celle du maraboutage

*Djéro continua chez Béni, et y retrouva tous les trois amis ensemble. Au moment de diner, ...

BENI

Prions avant de manger, mes frères.

DEVENIR

Quoi !

*Au moment que les autres étaient en prière, Devenir commença même déjà à manger. Finissant la prière, les autres mangeaient sans problème ni murmure avec lui.

DEVENIR

Mais votre chorale là c'est bon quand même hein. Le jour de concert, de baptême, de fête ou de la mort d'un vieux, vous vous faites même trop sérieux comme si vous iriez au ciel là vrai vrai et ce même jour comme ça. Mais une fois finir, vous finissez avec tout aussi. Vraiment, moi je veux m'y adhérer sans aller à l'église. Vous n'allez pas m'accepter ?

---

[9] Exprimant son étonnement

DJERO

Mais votre maraboutage aussi c'est bon non ?

NONKIL

Hi, le marabout m'a parlé de trois jours seulement ; et presque deux mois aujourd'hui…

*Tout à coup, le téléphone de Béni sonna.

BENI (au téléphone)

Oui, allo Djo !

LA VOIX AU TELEPHONE

Un arrêté vient d'être affiché ; tu as ton nom, mais ton ami, non.

NONKIL (debout)

Quoi ! 33 333f en feu !? Eh marabout ! Mon Dieu, 33 333f !

DEVENIR

Chu ! Vous ne pouvez même pas respecter les conditions du marabout là comment ça pourra marcher ! Le grand-père n'a jamais échoué dans son maraboutage. Tu as mal fait pour laisser ta chance arrachée par Béni de Dieu déjà non. C'est même ta chance qu'il a arrachée comme ça.

LES SALES QUART D'HEURE

Nonkil et le marabout : panique et envoutement

*Abandonnant ses amis, Nonkil se rendit chez le marabout.

LE MARABOUT (voyant Nonkil dans tout son courroux)

Euh, les esprits sont fâchés en ce que tu m'as désobéi en buvant de l'eau de la jarre avant le troisième jour. Peut-être ça, non ?

NONKIL (s'emparant du marabout)

Escroc ! Suis-je Jésus pour passer plusieurs jours sans manger ? Depuis quand tes esprits m'ont dit ça et que je n'en ai pas obéi ? D'ailleurs, où sont-ils, ces esprits ?

LE MARABOUT (sortant un mauvais sort et lançant sur le jeune homme)

Attend ! Non, attend !

NONKIL (délirant de retour)

Intégration ! Intégration ! Tu es partout quoi ? Ah intégration, c'est bon hein !

*Il appela « intégration » tout ce qu'il voyait.

Djéro et le marabout : Le test du pouvoir

*Peu de temps après, Djéro arrivait chez le marabout.

DJERO

Le grand marabout, bonjour avec tous mes respects !

LE MARABOUT (tendant un gri-gri à Djéro)

Ceci te permettra de combattre même les Blancs, les jaunes, les Mélangés ; et rien ne pourra te nuire.

DJERO (dressant le canon de l'arme vers le marabout)

Ok merci ! Tiens bon, on va tester sa puissance. Je vais tirer sur toi, et si rien ne te nuit, j'en prendrai.

LE MARABOUT (angoissé)

Euh euh ah ah non mon fils, ce n'est pas tout. Je vais composer avec ce qui te rendrait invisible devant tes ennemis ; alors reviens demain matin pour qu'on y essaie.

DJERO (baissant l'arme)

Hum, entendu, attendu.

*Djéro rangea son arme et quitta sans un mot d'aurevoir.

Le marabout et Devenir : mensonge et retour au village

*Après le départ du jeune militaire, le marabout allait chercher son petit-fils dans sa chambre.

LE MARABOUT

Koye ! Mon fils, ça commence à tourner mal déjà.

DEVENIR

Qu'y a-t-il de mal ?

LE MARABOUT

Que personne ne m'entende ni ne me voit. Les esprits ont pris leur décision.

DEVENIR

Quoi !

LE MARABOUT

Je sens la mort s'approcher de moi. Ramène-moi au village pour pouvoir me renforcer.

DEVENIR

Comme les ancêtres eux-mêmes ont décidé, je vais quand même te ramener.

*Ils se rendirent au village le même jour.

Nonkil et Djéro : panique et délivrance

*Le lendemain, dès 04h du matin, Djéro frappait à la porte du marabout

DJERO (constatant que la porte est fermée)

Peut-être il serait en train de consulter les esprits quelque part ; je dois l'attendre.

*Il se reposa tranquillement, son arme sur le ventre. Peu de temps après, il dormit, et Nonkil s'approcha de lui.

NONKIL

Partout je cherche l'intégration, partout je la trouve ! Voilà encore l'intégration chez le marabout.

*Il s'approcha de Djéro et prit son arme, pendant que celui-ci dormait.

NONKIL (parlant à l'arme)

Ah intégration, Nonkil t'as cherchée, Nonkil t'a trouvée.

*Il dressa le canon contre Djéro, mais celui-ci ne sentait rien.

NONKIL

Hé intégration, tu veux l'intégration ?

DJERO (levant et criant tout en fuyant)

Oh non mon Dieu ! Oh mon Dieu !

*En prenant fuite, Djéro aperçut Béni et le pasteur qui étaient en train de remercier Dieu.

BENI

Je remercie mon Dieu en ce que...

LE PASTEUR (voyant Djéro courir vers eux)

Qu'as-tu, mon fils ?

DJERO

Au secours ! Au secours !

*Les trois se suivirent en courant vers Nonkil. Mais le fou Nonkil, les voyant venir vers lui, déposa l'arme et courût à la rencontre du pasteur.

NONKIL (s'adressant au pasteur)

Oui, c'est toi l'intégration, c'est bien toi !

LE PASTEUR

Attrapez-le bien !

*Béni et Djéro saisissaient leur ami.

LE PASTEUR

Qu'est-ce qui ne marche pas ?

DJERO

On était arrivé autrefois consulter le marabout et...

LE PASTEUR (lui imposant la main)

Jésus seul est la solution à tous nos problèmes. Au nom de Jésus, Satan, dégage !

*Le jeune homme recouvra aussitôt son état normal ; et les deux amis tendirent leurs gris-gris au pasteur.

DJERO

Pasteur, je crois désormais à Dieu seul ! D'ailleurs ce gri-gri je l'ai utilisé sur plusieurs femmes, mais j'ai échoué sur ta propre femme et ta propre fille.

NONKIL

Père, que Dieu, nous pardonne ! C'est SU qui nous a trompés. J'ai pris cela pour être intégré et voilà...

LE PASTEUR

Paix à vous, car celui qui avoue ses péchés et les délaisse obtient miséricorde !

*Les trois amis devinrent ce jour les compagnons du pasteur.

Le respect de la tradition

*Trois jours au village, Devenir devait se retourner en ville pour composer le bac qui aura lieu le lendemain matin.

MARABOUT (oignant son petit-fils d'huile)

Comme tu vas composer le bac demain, ce pouvoir pourrait t'y aider. Mais ne te lave jamais, ne salue personne jusqu'à la fin de l'examen. A l'école, chacun de vous porte son Dieu.

DEVENIR

Grand-père, toi, tu me connais mieux que moi-même. Même la mouche ne pourrait me toucher pour aller toucher une autre personne.

*Puis le jeune homme quitta pour la ville.

*Le lendemain matin, au lycée pour l'examen, Devenir, bien couvert d'huile, fuît de gauche à droite ses amis qui voulaient le saluer.

CHEF DE CLASSE

Ah Devenir, on ne s'est pas vu il y a de cela longtemps !

DEVENIR (en reculant)

J'ai une maladie contagieuse, je ne m'approche de personne.

REINE (courant à toute force pour l'embrasser)

Oh mon bébé chou, mon Dévé, bizou !

DEVENIR (l'esquivant)

J'ai mal à la main, je ne salue personne ! Et puis vous les coquettes là, qui est votre bébé ? Ne voyez-vous pas ma barbe ? Ou bien caleçon rouge, mon père, et toi, ma mère ? « *Mon bébé chéri Dev* »[10], je ne salue personne aujourd'hui.

* Puis il mit ses mains au dos. Mais Yanyam vient encore pour le saluer.

YANYAM

Kaye Dev !

DEVENIR (cachant les mains dans les poches)

Jim maji el! Jim maji el! (Ma main n'est pas bonne ! Ma main n'est pas bonne !)

*Les camarades arrivèrent à comprendre son secret et se moquèrent de lui.

CARINE

Tu as fait de l'andrine[11] ce matin ? Ou bien, ta main n'est pas bonne comment ?

SANGUE

---

[10] La manière dont les filles le chérissent

[11] Mot localement utilisé qui désigne Insecticide.

Dev, quelle maladie contagieuse as-tu ?

*Les camarades le poursuivirent en se moquant de lui partout dans la cour. Mais personne n'arrivait à le toucher jusqu'à la fin de l'examen.

UN MOIS PLUS TARD...

Le commerce ; le vol, la trahison et les fausses croyances

*Un jour, au marché, Nélar, Koudou, Binon (toutes chrétiennes), Touga et Marie(païennes) s'assoyaient côte à côte. Binon aperçut 100f à côté de Nélar, et mit pied dessus. Pensant que Nélar l'aurait surprise, elle commença à grimacer.

BINON

Nélar, ce dernier temps vous êtes carrément trop collées avec Dorcas là, il y a quoi même wa ?

KOUTOU

Hum Binon, tu sais bien que Dorcas a un bon cœur !

NELAR

Mais notre relation avec Dorcas là, où vous en est le mal ? Toujours, vous parlez de cela, mais personne ne pourrait nous séparer, si ce n'est pas la mort !

KOUTOU

Voilà ! C'est ça même ; Dorcas n'a de problème avec personne.

BINON

Hééé Nélar, seulement que vous ne connaissez pas Dorcas ; si seulement tu écoutais ce qu'elle m'a raconté ce jour sur toi, ... Hum !

NELAR (se rappelant des bêtises entre Chérib et sa fille, et entre le diacre et elle)

Quoi !? Elle a parlé de Chérib ? Ou bien du diiia...

BINON

Ah, on est au marché ; pardon !

NELAR

Donc c'est avec mon nom que vous prenez vos laits ces derniers jours ? Hum, avec moi, nous allons nous finir une à une.

*Entre temps, un orphelin mendiant ramassait 5f par terre, et s'approchait de Nélar.

L'ORPHELIN

Combien coûte un beignet, madame ?

NELAR

Très moins chère, mon cher fils ; 5f seulement.

TOUGA

Nélar, je peux avoir 50f avec toi ?

NELAR

A vrai dire, je n'ai rien encore ce matin.

L'ORPHELIN (tendant de l'argent à Nélar)

Merci, voici ce que Dieu vient de me donner. Ça suffit « cap » (net) !

NELAR (tournant le dos à l'enfant)

Quoi, oooh 5f pour le premier marché ! Ce Dieu qui t'a donné 5f là ne peut pas te donner au moins 100f comme ça ? Le malheur c'est aussi qu'en venant ici, j'ai heurté mon pied gauche[12].

*Au même moment, une fille enceinte tendit de l'argent à Koutou.

KOUTOU

Hors de ma vue avec ta première grossesse ! Kaye, double malheur ; mon premier

[12] Malchance au pays ngambaye

enfant est une fille aussi[13]. Que ferai-je ?

BINON

Mais comment vous refusez de l'argent comme ça ? Moi, tout ce que je vois comme argent, je ne m'amuse jamais avec.

KOUTOU

Hum ! Toi, ton gri-gri te rapporte toujours ; c'est pourquoi tu te moques de nous.

BINON (enlevant son gri-gri du rein)

Non, je porte cela juste pour avoir des enfants, parce que je suis stérile. D'ailleurs, en ville, chacun a à la fois son église et son marabout, n'est-ce pas ?

MARIE (souriant)

Haaiiiii ! Donc vous chrétiennes même êtes pareilles que nous païennes quoi ? Eh s'il vous plait, dites-moi, pourquoi vos pasteurs ne laissent jamais leurs sacs porter par quelqu'un d'autre ? Et aussi, pourquoi ils ne se baignent jamais à deux ?

TOUGA

Ah, qu'on parle d'autres choses ; de sacs remplis de fétiches !

*Nélar se mit à chercher son argent, et Binon la regarda de près.

NELAR

Quelle mort veut me tuer aujourd'hui, j'ai perdu 100f encore !

BINON (touchant la farine)

Je jure sur ce blanc que ma main que SU a faite n'a pas touché ton argent.

TOUGA

Hé Nélar, ce n'est pas toi qui me disais que tu n'as rien là ? Comment ça, tu as perdu 100f ?

NELAR (couverte de honte et de colère)

Vous vous complotez contre moi aujourd'hui ? Laissez-moi chercher mon argent ;

[13] Porte malheur au pays ngambaye

c'est mon argent à moi, je n'en ai pas volé.

*Tout le monde riait en se moquant d'elle.

L'idolâtrie et l'adultère, qu'en dit la Bible ?

*Chez le pasteur

DJERO

Pasteur, dans quel passage de la Bile, et pourquoi Dieu est-il jaloux ?

PASTEUR

Premier commandement, je suis ton Dieu, tu n'auras point d'autres dieux que moi. Vous écarterez auprès de vous toutes sortes d'idolâtries.

LUCIE

Une chose papa : au sujet du sexe, on me demande souvent que la Bible elle-même a dit que ne vous privez point l'un de l'autre.

PASTEUR

Cela ne concerne que les mariés, mes enfants.

LUCIE

Certains garçons aiment beaucoup draguer avec ce verset.

DJERO

Kaye, mais... Oui pasto, la polygamie est autorisée quand même, non ? Les David, Salomon, qui qui, qui qui là...

PASTEUR

Tout cela était passé bien avant l'arrivée de Christ. Paul nous en interdit dans l'épitre aux Corinthiens et dans la lettre à Thimothée.

DJERO

Kaye ! La Bible aussi, elle est compliquée ; elle dit et contredit tout.

PASTEUR

Même Satan utilisait les versets bibliques pour tenter le fils de Dieu. Alors prenez le temps de prier, et lisez toujours votre Bible, du début jusqu'à la fin, et vous la comprendrez.

La guerre des religions

*A la maison, Dorcas réveilla Devenir pour le résultat du bac.

MAMAN DORCAS

Mon fils, mon Devenir oublies-tu que le résultat du bac aura lieu aujourd'hui ?

DEVENIR

Ne t'inquiète pas, Dorcas. Moi, j'ai bien respecté l'ordre du marabout, alors il n'y a pas de souci. Je vais aller arroser ce bac avant d'aller vérifier la liste.

*Il se rendit au marché, et trouva ses amis devant une vendeuse de bouillie. Il prie un gobelet de bouillie et précipita d'en manger. A peine se bruler les lèvres par la bouillie chaude, il déposa son gobelet, et arracha celui de Nonkil. De tous ces gestes, personne ne réagissait.

SANGUE

Je veux aller à l'église, une fois me faire initier et me marier ; mais je ne sais exactement pas dans laquelle y aller. Puisque de nos jours, les églises...

TANGUI

Chez nous à l'église catholique, c'est bon ; c'est la première Eglise de Christ.

NONKIL

Chu ! Pensez-vous que vous êtes aussi chrétiens, vous catholiques ? Quelle différence existe -t-il entre vous et païens ? Mathieu 18 :3, convertissez-vous pour le royaume des cieux.

TANGUI (montrant son chapelet)

Mathieu10 :38, un bon chrétien doit suivre Jésus en portant sa croix. En voici donc pour moi. Où est alors la tienne ?

TOUNADE

Adorateur de Marie, ce n'est pas cela porter sa croix que Dieu veut. Jacques 5 :14-15, chez nous à l'église de Béthel, on guérit les malades en priant et en les oignant d'huile.

BONHEUR

Miracles d'abord, les gars !!!!

SANGUE

Quel miracle ? Chez vous là c'est de la pure magie. Vous êtes tous dans de secte. Quelle église qui a la force d'opérer des miracles comme ça ?

BONHEUR

Jean 14 :12, celui qui croit en Jésus fera de plus grandes œuvres que lui ; Paul a dit à Timothé que la parole de Dieu est le chemin du bonheur. Mais à cause de nos miracles, on nous accuse de sectes. Peu importe ; on a tout ce qu'il faut.

SANGUE (debout)

Ah, Dieu multiple ou multiplié, montre-moi toi-même de quelle religion tu appartenais d'abord !

*Deux jeunes musulmans (Chérib et Hamid) assirent à leur côté, se moquèrent d'eux.

CHERIB

Haya, même ces mangeurs de cochons connaissent aussi Dieu ? Ils jouaient avec un autre Dieu ou bien notre vrai Dieu là même ?

HAMID

Allah akubar (Dieu est grand) ! Ce monde sera islamisé un jour !

DEVENIR

Hum ! C'est au jour du malheur qu'on reconnait les vrais croyants. Pour ne pas vous laisser mourir, abandonnés comme le Fils Unique sur la croix, vous allez tous courir vers nous marabouts.

SANGUE (s'adressant aux jeunes musulmans)

Blaguez ailleurs hein, porteurs de gris-gris, adorateurs de Mohamed !

*A ces propos, Chérib s'empara de lui, et versa sur sa face la bouillie chaude que Devenir a déposé à côté.

CHERIB

Connais-tu Mohamed ? Ce n'est pas l'Unique Messager d'Allah ? Amusez-vous avec d'autre chose !

DEVENIR

Hum ! Or Jésus et Mohamed sont tous deux des petits-fils d'Abraham et les gens parlent d'eux comme des enfants de Dieu. Depuis quand on vous a parlé de la femme de Dieu pour mettre au monde un enfant ?

CHERIB

Quoi ?

DEVENIR

Ne vous combattez pas pour rien. Ce Dieu dit qu'il est Dieu d'Israël, pas celui des Ngambaye ni des Zaguawa. D'ailleurs, c'est lui-même que je cherche toujours avec un couteau au cou. La Bible vous dit de ne pas adorer les dieux étranges, donc le Dieu d'Israël est aussi étrange pour nous. Votre Dieu à vous, c'est mon grand-père le marabout.

HAMID

Quoi ! Tu blasphèmes ? On va combattre pour notre Dieu.

*Hamid serra Devenir au cou, et ce dernier trembla en faisant de pipi.

DEVENIR

Haya ! Allah pardon !

*A peine s'échapper, il jeta Hamid avec son couteau. Hamid, lui aussi, ramassa le couteau et jeta sur Tangui. Chérib qui le ramassa enfin et poignarda Sangue au bas ventre.

SANGUE

Oh mon Dieu, je vais mourrrrrrrrr......

DEVENIR (arrivé à un point un peu écarté)

Haye ! Si Abraham organisait des réunions claniques comme les Ngambaye en font de nos jours, ses deux petits-fils ne vont pas créer de graves problèmes comme ça à l'humanité quand même. Comment à cause de Jésus et Mohamed qui sont ses fils, les gens vont aller jusqu'à s'entretuer ? Vraiment...

DU MARABOUTAGE A L'EVANGELISATION

Devenir : de l'échec à la folie et à la délivrance

*Continuant son chemin sans imaginer la suite du dégât commis, Devenir croisa en route un crieur public et lui arracha son tam-tam.

DEVENIR (frappant sur le tam-tam)

Bac rassuré ! A moi tous les bars de la ville ! On va boire aujourd'hui comme au temps de Noé ; même le pasteur boira.

*Arrivé au lycée, il vérifia la liste deux, trois fois mais ne vit pas son nom. Il n'arriva plus à distinguer le noir du blanc, et commença à délirer...

DEVENIR

Quoi ! Moi, bac, rassuré, raté ? Baaaac ! Baaaaaaaaac !

*Il courut de gauche à droite en frappant sur le tam-tam et en criant

"Bac rassuré raté ! Bac rassuré raté !

*Il déchira ensuite ses habits, et courut chercher une corde pour aller se pendre. Mais l'ayant vu perdre de sens, le pasteur, Béni et Maman Dorcas le poursuivirent. Il se fut mis la corde au cou et monta sur un arbre. Mais le pasteur le délivra aussitôt.

DEVENIR

Bac au sommet des arbres ; il faut monter haut pour le rattraper.

LE PASTEUR

Au nom de Jésus, Satan laisse-le en paix !

*Devenir cria d'une voie forte en tombant de l'arbre, et courut jusqu'à se plonger dans une rivière. Mais Béni le rattrapa et le pasteur lui imposa la main tout en coupant le gri-gri de son rein.

LE PASTEUR

Paix à toi, mon fils !

Devenir (debout)

Ah, Jésus m'a libéré ! Père, quel holocauste devrais-je à Dieu pour toutes ces merveilles ?

LE PASTEUR

La Bible dit : « *Donnez plutôt en aumône, ce qui est dedans, et voilà, toutes choses seront pures pour vous* » (Luc 12 : 41).

DEVENIR

J'appartiens désormais au Seigneur !

*Une fois rentrer, Devenir descendit dans le temple, et pleura en se rappelant de ses mauvais actes devant Dieu.

DEVENIR

Que puis-je faire pour toi, Seigneur, afin d'effacer toutes ces iniquités ? Lave-moi par le sang de Jésus et donne-moi la force de te servir.

*Du coup, l'Esprit de Dieu le saisit, et il tomba en extase. Il entendit une fois sans voir une personne.

LA VOIX

C'est moi qui t'ai choisi. Le temps que j'ai fixé pour toi est arrivé. Je mets aujourd'hui ma vérité dans ta bouche, et pour que tu ne puisses rien cacher.

DEVENIR (réveillant de son extase)

Ah Seigneur, merci de me faire cette grâce !

*Il rentra auprès de sa mère.

MAMAN DORCAS

Ah mon fils !

DEVENIR

Maman, que je ne sois pas le seul à être sauvé. J'irai au village demain matin pour ramener le grand-père afin qu'on puisse servir le Tout-Puissant Dieu des armées.

MAMAN DORCAS (sautant de joie)

Oh mon Dieu, tu continues toujours avec tes miracles !

Le jurement

*Le lendemain matin, le jeune homme se rendit au village, à la recherche de son grand-père. Après son départ, Nélar, tout irritée de leur calomnie d'hier au marché, se présenta chez Dorcas.

DORCAS (courant à la rencontre de Nélar)

Bonne arrivée, ma sœur ! Comment vas-tu ?

NELAR (sans saluer Dorcas)

Ne mangez pas mon âme sur mon propre bien pour rien !

DORCAS (lui tendant la main)

Bonjour ma sœur en Christ ! Mais qu'est-ce qu'il y a ?

NELAR (se rappelant de sa vie avec le diacre et de son complot avec Chérib et sa fille)

Cette Reine là, ce n'est ni votre église, ni votre groupe de femmes de charité qui me l'a engendrée. Et le diaaaa... Et toi... Pourtant, ma bouche que SU a ouverte n'a point parlé mal de toi un jour.

MAMAN DORCAS

Je ne comprends pas l'histoire là. S'il te plait ma sœur, tu veux me parler de quoi ?

NELAR (touchant la terre)

Je te jure en touchant la terre de mes ancêtres, et ce matin sans laver encore ma bouche, que cela ne sortira jamais de mon cœur jusqu'à me reposer sur mon *lit de quatre brindilles*[14].

DORCAS (s'agenouillant devant son amie)

Pardon sœur, qu'est-ce qu'il y a ?

NELAR (touchant les oreilles de Dorcas)

Qu'est-ce que tu as raconté à Binon ?

DORCAS

Pardon, je ne me rappelle pas lui avoir dit quelque chose de mal.

NELAR (lâchant son amie)

Je te laisse parce que je viens de me rappeler qu'aujourd'hui c'est la sainte-cène ; sinon tu sauras maintenant que je suis la mère de ma fille. Mais juste après la communion, on verra avec la suite.

*Quand bien même que l'innocente Dorcas était en train de demander pardon à son amie, cette dernière la quitta sans tenir compte de ses propos.

Le marabout : des incantations à la confession

*Au village, un combat spirituel se livrait entre Devenir et son grand-père.

DEVENIR

Le temps est arrivé qu'on doit repartir en ville pour servir le Roi que de servir le serviteur du rebelle.

LE MARABOUT

[14] Cercueil traditionnel dans le milieu Ngambaye, fait de trois brindilles à sa longueur pour l'homme, et quatre pour la femme.

Quoi ? C'est qui le Roi et c'est qui le serviteur du serviteur du rebelle ?

DEVENIR

Je te prie de jeter tout cela afin que nous allions dans la maison du Seigneur.

LE MARABOUT (murmurant tout en rentrant)

Je sens un autre esprit en lui ; il faut que je l'amène en brousse pour l'ensorceler de nouveau.

*Il prit son sac de fétiches et sa sagaie, et sortit trouver son petit-fils.

LE MARABOU (un peu grimaçant)

C'est vrai, ce que tu dis ; mais allons en brousse pour que je brule carrément mes fétiches avant qu'on y aille.

DEVENIR (souriant)

C'est vrai, tu comprends ?

LE MARABOUT

Allons, et tu verras ce qu'on va faire.

DEVENIR (fermant la porte)

Dieu va faire quelque chose aujourd'hui !

LE MARABOUT (en murmurant)

Hum, je vais t'ensorceler de nouveau ; tu deviendras de nouveau pire qu'avant.

DEVENIR (saisissant les dires de son grand-père)

Hein, tu dis ?

LE MARABOUT (se grattant la tête)

Oui, qu'on fasse vite pour rentrer en ville comme tu l'as dit.

*Les deux se suivirent en brousse. Et à deux km, le marabout vit un terrier de rat. Il demanda à Devenir le lui creuser, mais celui-ci ne jouait qu'à sa morale.

LE MARABOUT (indiquant le terrier à son petit-fils)

Chasse-moi ces rats avant qu'on puisse continuer.

DEVENIR

Grand-père, on ne doit plus travailler au jour du repos maintenant.

LE MARABOUT

Quoi ! Mais quel est même cette sorcellerie qui met des mots bizarres comme ça dans ta bouche là ?

DEVENIR (secouant la tête)

Hum ! En tout cas, dépêchons-nous ; nous devons aller à l'église aujourd'hui.

*Pendant que le marabout tendait la gaule de sa sagaie dans le trou, Devenir chercha silencieusement une chicotte. Quand le rat sortait...

LE MARABOUT

Yen naon ! Yen naon ! Yen naon ! (Le voici ! Le voici ! ...)

DEVENIR (frappant sur son grand-père)

Hein ? Haya, hein ! Hein !

LE MARABOUT

Hiéé sorcier, voulais-tu me tuer ?

DEVENIR

Non, la chasse, la chasse, la chasse, et c'est la chasse même.

*Pendant qu'ils discutaient, un deuxième rat sortit.

LE MARABOUT

Eh voici la femelle ! La voici ! La voici !

DEVENIR (frappant toujours son grand-père)

Oui, oui ! Kaye, kaye ! Non, non !

LE MARABOUT (tout courroucé)

Pourquoi me chasses-tu – moi, ton protecteur – au lieu de chasser ce qui est vraiment chassable ?

DEVENIR

Pourquoi chassons-nous toujours Dieu, le vrai protecteur à adorer, au lieu de chasser le diable, le vrai ennemi à chasser ?

*Le marabout voulait le poignarder avec sa lance mais le jeune homme l'esquiva. Il prononça ensuite des divinations contre lui, mais rien n'arrivait à son petit-fils. Il s'y retourna et vit un essaim d'abeilles dans un tronc d'arbre. Et du coup, il oublia sa colère.

LE MARABOUT

Viens me recueillir le miel.

DEVENIR

Pas de travail au jour du repos, point !

LE MARABOUT

Hein ? Hum !

*Le marabout recueillit lui-même le miel, mais le jeune homme garda le silence à son côté.

LE MARABOUT (goutant le miel)

Hum ! Que celui qui ne travaille pas ne mange pas !

DEVENIR

« Ma nourriture est de faire la volonté de celui qui m'a envoyé, et d'accomplir son œuvre » (Jean 4 : 34).

*Le marabout voulait sursauter pour faire la guerre à son petit-fils, mais déjà, sa main fut bloquée dans le tronc d'arbre. Il y appliqua ses remèdes, mais en vain. Il serait une opportunité pour Devenir d'aller chercher le pasteur afin de le délivrer.

LE MARABOUT

Ma main, koye ma main ! C'est bloq bloq bloquéééééé !

DEVENIR

Ah grand-père, ah grand-père, c'est comment ça ?

LE MARABOUT

Au secours ! Oh ma main !

*Devenir tenta de l'aider, mais le marabout cria fort.

DEVENIR (tirant le bras de son grand-père)

Supporte, tiens fort, aller, aller !

LE MARABOUT

Je vais mourir ! Je vais mourir ! Oh au secours ! Mes ancêtres ! Mes ancêtres !

DEVENIR (secouant la tête)

Il n'est plus question des ancêtres. C'est une punition divine ; il faut que j'aille chercher le pasteur pour te délivrer.

LE MARABOUT

Quoi ! Depuis quand un pasteur de l'église catholique est un marabout ? Laokoura a quel pouvoir plus que moi ?

DEVENIR

Je ne parle ni d'un pasteur de l'église catholique, ni de pouvoir d'un marabout.

LE MARABOUT

Mais quel est ce pasteur qui a de pouvoir plus que moi ?

DEVENIR

Si tu es puissant, tu devrais déjà te sauver.

LE MARABOUT (tout irrité)

Donc tu nie ma puissance ?

DEVENIR

C'est le pasteur Pierre qui m'a délivré de mon mal.

LE MARABOUT

Quoi ! Es-tu rallié maintenant ?

DEVENIR

J'irai le chercher pour partager les merveilles de Dieu avec toi.

*Pendant que le jeune homme quitta à deux pas...

LE MARABOUT

Héé Devenir, pardon mon fils, s'il s'agit d'appeler les hommes de Dieu, appelle-moi plutôt les catholiques ; je n'ai pas l'argent de thé pour accueillir les protestants.

*Quand le jeune homme le quitta, le marabout fit toujours des incantations, mais en vain. Peu de temps après, la délégation de délivrance arriva de toute vitesse. Mais voyant le pasteur et sa délégation venir, il cacha son miel et son sac de fétiches.

LE MARABOUT (en murmurant)

Pasteur Pierrrrrr ! Personne ne touchera ni à mon manger ni à ma protection.

LE PASTEUR

Bonjour papa ! Est-ce que ça va ?

LE MARABOUT

Pas d'histoires ! Tu sais bien que je souffre !

LE PASTEUR

« *Crois au Seigneur Jésus, et tu seras sauvé...* » (Actes 16 : 31) non seulement de cette souffrance charnelle, mais aussi bien de celle spirituelle.

*Le marabout sortit son sac pour tenter le pasteur, mais le pasteur prit facilement le sac. Ce qui ramènera le marabout à se repentir.

LE MARABOUT

Si tu es capable de soulever ce sac...

LE PASTEUR (prenant le sac d'un seul doigt)

Au nom de Jésus !

LE MARABOUT (pris de panique)

Hein !? Quel est ce démon qui t'a incarné ? Tu es plus puissant que les dieux de nos ancêtres. Mais pourquoi crois-tu au Dieu des Nassara (Blancs) ? Maintenant je crois à toi et à ta puissance ; alors délivre-moi.

LE PASTEUR

Nos ancêtres ont cru à ces dieux parce qu'ils n'avaient pas reçu la révélation de Vrai Dieu, et ils n'étaient seulement qu'à sa recherche. C'est cet Unique Dieu qui a tout créé, et tout lui appartient. Alors reviens au droit chemin, crois en lui pour être sauvé. « *Si tu peux !... Tout est possible à celui qui croit* » (Marc 9 : 23).

LE MARABOUT (saisissant son gri-gri au rein)

Hum kaye ! Oh Quoi ! Kaye, quoi ? Je crois ! Jeeeeeee crois !

LE PASTEUR (lui imposant la main)

Sois libre, sois sauvé au nom de Jésus !

*Le pasteur tira son bras, mais ça ne sortait pas de la cruche. Se rendant compte que le marabout a encore un démon en lui, il lui arracha le grigri et ce dernier fut aussitôt libéré.

LE PASTEUR

Satan dégage au nom de Jésus !

LE MARABOUT (libéré du mauvais esprit)

Aaaaaaaah ! Aaaah !

LE PASTEUR

Paix à toi, papa !

LE MARABOUT

Merci mes fils !

*Le grand-père sauta de joie et s'engagea de suivre Jésus. Son petit-fils et le pasteur également se réjouirent.

LE MARABOUT

Je suis passé de la mort à la vie !

LE PASTEUR

Hosanna !

LE MARABOUT

Des ténèbres à la lumière !

DEVENIR

De la prison à la liberté !

LE PASTEUR

Alléluia !

LE MARABOUT

Que le Dieu qui sauve soit loué !

TOUS ENSEMBLE

Amen ! Amen ! Amen !

LE MARABOUT

Prenez le miel……… mangez !

DEVENIR

Voilaaaaaaaaaaa !

LE MARABOUT

Prenez les fétiches…………… brulez !

LE PASTEUR

Gloire à Dieu !

TOUS ENSEMBLE

Alléluia ! Alléluia !

LE MARABOUT

Et moi aussi je vais rentrer avec vous en ville pour témoigner cette grâce que Dieu m'a faite.

LE PASTEUR

Merci Seigneur ! Que ton nom soit loué à jamais !

*Après avoir brulé les fétiches, ils rentrèrent tous dans le service du Seigneur.

Le coup raté

*Entre temps, en ville, le diacre, amant de Nélar se rendait chez lui.

LE DIACRE

Kaye, à chaque matinée, il me faut toujours te voir pour mieux respirer. Me voilà déjà venir si tôt chez toi.

NELAR

Aujourd'hui on doit prier seulement à la maison ; c'est même aussi l'essentiel.

LE DIACRE

Ah, selon ta volonté seulement. Je suis chez toi pour toi.

NELAR

C'est encore le tour de Béni aujourd'hui ?

LE DIACRE

Est-ce qu'en dehors de lui, il y a encore quelqu'un d'autre qui connait la Bible ?

NELAR

Non, si c'est lui, ce n'est pas la peine.

LE DIACRE

Hum !

NELAR

La parole de Dieu qu'on a longtemps comprise, et qu'il est juste question de s'en rappeler là, lui quand il prêche, c'est pour 30, 40 ou 50mn. Il veut nous apprendre quoi de nouveau même je ne sais pas.

LE DIACRE

Ce connaisseur a oublié qu'on a beaucoup de choses à faire le dimanche aussi hein.

NELAR

Vraiment ! De commerce, de linges, de visites...

LE DIACRE (tendant de l'argent à Nélar)

Hum, mais laisse seulement. Tu sais, tant que le trésor de l'église est dans ma main, tu ne manquerais de rien.

NELAR (se rappelant de sa querelle avec Dorcas)

Mon diacre, je suis d'accord pour être ton deuxième bureau. Je sais que tu m'aimes, c'est pourquoi mes amies deviennent jalouses de moi.

LE DIACRE

Tes amies sont-elles au courant de notre relation ?

NELAR

Je ne suis pas sure, mais Dorcas m'a trahie auprès de Binon. Alors si ce n'est pas à ce sujet, ça serait....

LE DIACRE

Il faut tout faire pour que personne ne nous voit ensemble. Je suis diacre, et si...

*Sans finir ses propos, Béni les surprit...

BENI

Bonjour mes parents en Christ !

NELAR

Bonjour mon secrétaire ! Sois la bienvenue !

LE DIACRE

Beni, ça va ?

BENI

Ça va, Dieu merci !

*Quand Béni s'assoyait, Nélar entra, et le diacre la suivit.

LE DIACRE

Pour ne pas qu'il nous mette à nu, il faut qu'on l'élimine carrément. Et comme ça, je vais arracher aussi son poste de secrétariat.

NELAR

L'éliminer ? Mais comment alors ?

*Le diacre sortit un poison de sa poche pour remettre à Nélar.

LE DIACRE

Tu sais le reste.

NELAR

La bouillie, la bouillie est prête.

*Quand le diacre sortait...

BENI

Je dois pouvoir...

LE DIACRE

Mais attends d'abord la maitresse de la maison !

NELAR

J'arrive ! J'arrive ! SG, attends-moi s'il te plait.

*Nélar mit le poison dans la bouillie (Béni) et sortit leur servir. Mais celui-ci ne sentait rien de mal en la mangeant.

BENI

Comment vous n'êtes pas encore prêts pour l'église, pourtant que c'est la sainte-cène aujourd'hui ?

LE DIACRE

L'église là, le jour où tu es content, tu pars ; le jour où tu es fatigué ou occupé, tu restes aussi à la maison.

BENI

Mais comment ça ?

NELAR

Oui, et ce n'est pas obligatoire qu'on y vienne tous les dimanches.

LE DIACRE

Toi là tu as rencontré Dieu un jour ? N'est-ce pas que chacun de nous le cherche pour sa propre vie ? Ou bien la foi est-elle collective ?

BENI

Pardon, mais mon diacre...

LE DIACRE

Ne prononce plus mon nom de ta bouche !

*Béni sortit sain et sauf malgré l'empoisonnement. Quand il les quitta...

NELAR

Qu'est-ce que vous faites comme ça là ?

LE DIACRE

Merde ! Coup bien préparé, mais bien raté ! Sinon je vais quitter même leur église pour créer la propre mienne.

NELAR

Hum, ça serait même mieux « waye » ! D'ailleurs qu'est-ce que tu ne connais pas faire à l'église ?

LE DIACRE

Moi, quand je prêche, tout le monde prend note. Je dépasse même vos pasteurs des EBV (Ecole Biblique Vernaculaire) là.

Les anciens marabouts, les nouveaux messagers de Christ

*Un jour, la chorale organisait un concert, et Devenir saisit de l'occasion pour présenter un exposé sur le thème « *la mort de Dieu* ».

*Nelar et sa fille se préparèrent pour le concert.

NELAR

Reine, depuis ce temps tu n'as pas encore fini de te parer ?

REINE

Ha maman, le concert d'aujourd'hui sera exceptionnel ! Je vais y démontrer mes derniers talents.

NELAR

Parait qu'il y a aussi un exposé ?

REINE

Parait que c'est Devenir qui va le présenter. Le thème, c'est « *la mort de Dieu* ».

NELAR

Dévé quoi ?

REINE

Devenir !

NELAR

La mort de qui ? Il va gâcher votre concert. Pourquoi vous le lui permettez ?

REINE

Ah !

NELAR

Il veut recommencer encore avec ses histoires ? Lui, il connait quoi déjà dans la parole de Dieu ? La mort de Dieu !?

*En route vers le lieu de concert Djéro et le pasteur en parlaient également.

DJERO

Abba pasteur, vous savez qu'un sorcier, quoi qu'il fasse, reste toujours un sorcier jusqu'à la fin de sa vie ?

LE PASTEUR

Comment ça, mon fils ?

DJERO

Devenir à un esprit, tout le monde le sait. Comment tu vas le laisser présenter ce thème « la mort de Dieu » ? Tu sais bien qu'il va encore blasphémer !

LE PASTEUR

Maintenant c'est l'Esprit de Dieu qui est en lui. Attendons plutôt ce que Dieu nous dira à travers lui.

DJERO

Père, si tu me nommes secrétaire de l'église et président des jeunes aux prochains vote, je te donnerai 10.000f chaque fin de mois.

LE PASTEUR

Mon frère, demandons plutôt à Dieu de faire sa volonté.

*Au concert, pendant que les jeunes chantaient, le grand-père et le pasteur causaient tranquillement en les observant.

LE GRAND-PERE

Ah, mes ces enfants, où est-ce qu'ils ont trouvé tout cela ?

LE PASTEUR

C'est une question d'apprentissage. A chaque fois, ils viennent répéter à l'église.

LE GRAND-PERE

Mais Devenir était ici en ville, et il ne venait pas pourquoi !

LE PASTEUR

Dieu n'appelle pas tout le monde au même moment. Voilà que c'est maintenant son temps, et il chante très bien, lui-aussi.

*Après deux chants de la chorale, tout le monde s'asseyait. Il serait question de suivre l'exposé.

LE GRAND-PERE

Permettez-moi de remercier une fois de plus mon Dieu, avant que l'exposé ait lieu.

L'ANIMATEUR

Ok, prenez donc le micro.

LE GRAND-PERE (prenant le micro)

Je ne suis plus escroc, plus esclave du mauvais esprit qui m'a conduit autre fois dans de mauvaises voies. Je vous assure que mon pouvoir ne travaillait que sur les païens et les chrétiens porteurs de gris-gris, ceux qui venaient me consulter souvent la nuit, et ceux qui vivaient sans la prière. Nous avons combattu depuis quinze ans le pasteur et sa famille, mais nous avons échoué. Car celui qui était avec eux est plus fort que celui qui était avec nous.

LE PUBLIC

-Quoi !

-Hum, voyez votre marabout !

-Hiééé, mais là, il ne faut jamais faire confiance à un marabout.

LE MARABOUT

Et maintenant, nous sommes revenus au seul Protecteur. J'appartiens désormais à Dieu. Mes consultants, revenez dans le droit chemin !

*Il remit le micro à l'animateur. Tout le monde était étonné en secouant la tête en ce que le marabout devenait homme Dieu.

LE PASTEUR (debout)

Que le nom de Dieu en soit loué ! Gloire à Dieu !

LE PUBLIC

Alléluia ! Amen !

L'ANIMATEUR

Merci, merci ! Sans plus tarder, nous passerons au moment de l'exposé. Frère Devenir, à toi le micro.

DEVENIR (prenant le micro)

Bien-aimés, saluez-vous moi de gauche à droite dans l'amour du Seigneur. Amen !

LE PUBLIC (se saluant comme demandé)

Amen ! Amen ! Amen !

DEVENIR

Je pense que tout le monde est content ce soir ?

LE PUBLIC

Content, ouiiiiiiiiiii !

DEVENIR (chantant)

Si tu as la joie au cœur claque la langue !

Si tu as la joie au cœur claque la langue !

Si tu as la joie au cœur, si tu as la joie au cœur,

Si tu as la joie au cœur claque la langue !

LE PUBLIC (exécution en claquant la langue)

DEVENIR (continuant)

Si tu aimes Jésus Christ dit ho ho ho !

Si tu aimes Jésus Christ dit ho ho ho !

Si tu aimes Jésus Christ, si tu aimes Jésus Christ,

Si tu aimes Jésus Christ dit ho ho ho !

LE PUBLIC (exécution en répondant : ho ho ho)

DEVENIR

Si tu as la joie au cœur, tape les mains !

Si tu as la joie au cœur, tape les mains !

Si tu as la joie au cœur, si tu as la joie au cœur,

Si tu as la joie au cœur, tape les mains !

LE PUBLIC (exécution en tapant les mains)

*Après la grande acclamation du public, Devenir reprit la parole...

DEVENIR

Vous étiez étonnés quand, autre fois, je disais que je tuerai Dieu, et quand on parle de *« la mort de Dieu »*. Or nous avons tué Dieu sans le savoir. Nous nous sommes plongés dans la guerre des religions en coupant notre Unique et seul Dieu en plusieurs parties. Pour l'athéisme, Dieu n'existe pas ; pour le panthéisme, Dieu est dans la nature ; pour le polythéisme, il y a plusieurs dieux. Que dire des religions traditionnelles, du paganisme gréco-latin, du bouddhisme et bien d'autres ? Et le monothéisme qui parle de Seul Allah s'est divisé en trois : l'Islam qui ne connait que Dieu et Mohamed, son prophète ; le judaïsme qui ne se pointe que sur la loi mosaïque ; et le christianisme pour qui, il y a trois personnes en Dieu : le Père, le Fils et le Saint-Esprit. Et dans ce christianisme même il y a de l'église catholique et des églises protestantes dans des églises protestantes. Nous sommes « ***les assassins de Dieu*** », nous les chrétiens et tous ces hommes qui, au lieu de faire sa volonté, ne faisons plutôt que le contraire. « ***La mort de Dieu*** », c'est le silence qu'il observe à travers nos mauvais comportements. Dieu est vivant, et nous jugera un jour. La Bible déclare Jésus comme « ***le chemin, la vérité et la vie*** » (Jean 14 :6). Et Jésus dit : *« Ceux qui m'appellent Seigneur ! Seigneur ! n'entreront pas tous dans le royaume des cieux, mais sauf celui qui fait la volonté de mon Père»* (Mathieu 7 :21). C'est juste cela ce qui nous suffit pour la vie éternelle. Amen !

LE PUBLIC (tout étonné)

Amen !!!

L'ANIMATEUR

Gloire à Dieu !

LE PUBLIC

Alléluia !!

LE PASTEUR

Soyons sur le pied de repentance ! Demandons-nous de pardon et pardonnons-nous les uns les autres pour que Dieu puisse nous pardonner.

*Tout le monde se mit à genou et exécuta l'ordre du pasteur. Et le pasteur les conduisit dans la prière que Jésus enseignait à ses disciples (dans Mathieu 6 :9-13). Après la prière...

L'ANIMATEUR

Nous voici à notre deuxième phase de concert, et le premier chant sera entonné par Lucie.

*Pendant que la chorale était en train de louer Dieu, Devenir courut jusqu'au temple, s'y agenouilla et remercia Dieu.

DEVENIR (sur les genoux au temple)

Merci mon Dieu ; Tu es merveilleux ! Aaaaaaaaaaaah !!!!!!!!

Dos de couverture

Cette pièce de théâtre relate l'histoire d'un garçon qui était consacré à Dieu par son père avant de mourir. Mais après la mort de son père, il fut amené au village, malmené et induit dans de mauvaises voies. S'en étant échappé et revenu en ville auprès de sa mère, il tenait toujours des relations avec son grand-père le marabout ; en induisant plusieurs personnes dans la tentation, et en livrant la guerre contre Dieu.Mais quand la cloche de Dieu sonna, tout fut délivré.

Il en est à remarquer les mauvais comportements des chrétiens en particulier, et ceux de tous les religieux - bien entendu que tout homme croit à une force quelconque - en général, faisant naitre aujourd'hui la guerre des religions. Selon qu'il est ecrit dans psaumes 14 : 2-3, il n'y a aucun homme juste devant Dieu. A noter la corruption, l'idolâtrie, l'adultère, la jalousie, le crime, la division, l'envie, la trahison et leurs semblables qui envahissent l'Eglise de christ, et le monde d'aujourd'hui.

« ***Les assassins de Dieu*** » ne désigne pas seulement Devenir et son grand-père qui prétendaient livrer la guerre contre Dieu, mais bien plus encore, tous ces hommes qui faisaient tout ce qui est contre la volonté de Dieu. Mais comme il est ecrit dans Luc 8 :17, rien ne restera voilé !

HORS-DOCUMENT

A PROPOS DU DOCUMENT

Ce document révèle bien de maux qui minent la vie spirituelle de l'homme chrétien aussi bien que l'homme du monde. Il est de genre culturel, comique, et évangélique. C'est un document écrit sur le but d'un film de sensibilisation et d'évangélisation. J'ai l'humilité d'annoncer tant de manquements qui s'y trouvaient ; puisque tout début de chose n'est pas facile. Mais toute confiance est accordée à la maison d'édition pour une meilleure orientation, une meilleure correction et meilleur traitement. Merci.

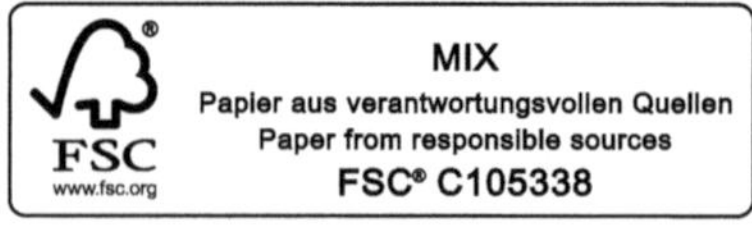

Printed by Books on Demand GmbH, Norderstedt / Germany